SYNDICAT D'INITIATIVE

DU CENTRE URBAIN ET DE LA STATION BALNÉAIRE

DE DOSON

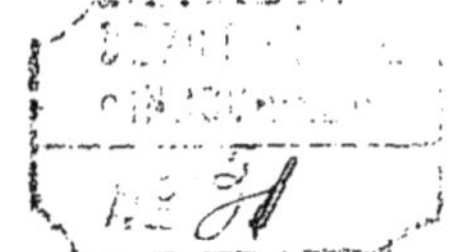

STATUTS

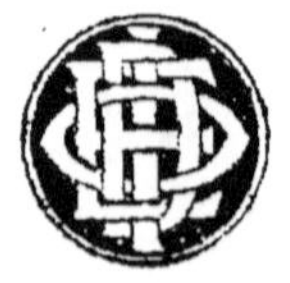

IMPRIMERIE D'EXTRÊME-ORIENT

—

HAIPHONG-HANOI

—

1918

SYNDICAT D'INITIATIVE
DU CENTRE URBAIN ET DE LA STATION BALNÉAIRE DE DOSON

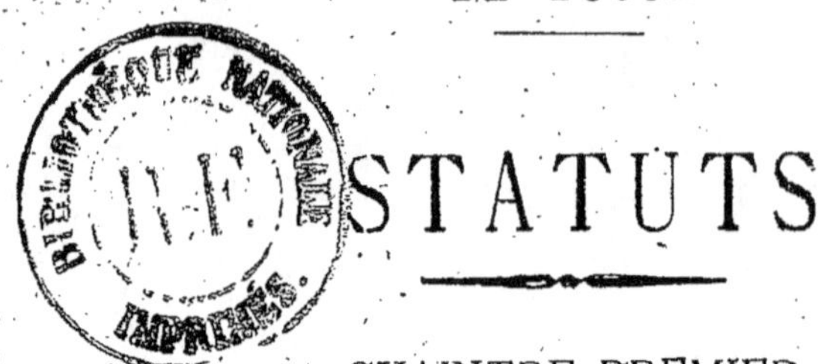

STATUTS

CHAPITRE PREMIER

Formation et but de la Société.

Article premier. — Entre tous ceux qui adhèrent aux présents statuts, il est formé une Société qui prend le titre de « Syndicat d'Initiative » du centre urbain et de la station balnéaire de Doson.

Le Siège Social est à Haiphong.

Art. 2. — Il a pour but de favoriser l'aménagement et le développement, sous toutes ses formes, du centre urbain et de la station balnéaire de Doson.

CHAPITRE II

Composition de la Société — Conditions d'admission et d'exclusion.

Art. 3. — La Société se compose de :

1o — Membres Actifs ;

2o — Membres Donateurs ;

Membres Bienfaiteurs ;

3o — Membres Fondateurs ;

4o — Membres d'Honneur.

Pour être membre actif il faut : 1o — être présenté par deux membres et être agréé par le Comité ; 2o — payer une cotisation annuelle de six piastres exigible en une seule fois.

Quelle que soit la date d'admission, elle est due pour l'année entière.

Le rachat de la cotisation est admis moyennant le versement : 1º — d'une somme de cinquante piastres qui confère le titre de Membre Donateur ; 2º — d'une somme de cent piastres qui confère le titre de Membre Bienfaiteur.

Sont Membres Fondateurs les Membres Actifs qui sans préjudice de leur cotisation annuelle versent une somme de cent piastres au moins.

Les Membres d'Honneur sont ceux qui, par leur position sociale, ont rendu ou peuvent rendre des services exceptionnels à la Société.

Ils ne sont astreints à aucune cotisation.

Art. 4. — Lorsqu'un membre actif quittera la Colonie pour se rendre en France, il sera dispensé pendant toute la durée de son absence du versement de la cotisation annuelle. Il devra, au préalable, aviser par lettre le trésorier de son départ.

Démissions — Radiations

Art. 5. — Tout Membre Actif est libre de se retirer sur simple déclaration écrite adressée au Président du Comité. Il devra toutefois acquitter sa cotisation pour l'année en cours.

La radiation pourra être prononcée par le Comité pour non paiement de la cotisation après avis par lettre recommandée non suivie d'effet; ou pour motifs graves. Dans ce dernier cas, le Membre intéressé sera préalablement appelé à fournir ses explications.

CHAPITRE III

Administration et fonctionnement.

Art. 6. — Le Syndicat est administré par un comité composé de sept Membres choisis parmi les Membres Actifs et élus pour un an par l'Assemblée Générale à la majorité absolue.

Les Membres du Comité sont indéfiniment rééligibles.

Les Membres du Comité ne sont responsables que du mandat qui leur est confié. Ils ne contractent, à raison de leur gestion, aucune obligation personnelle ou solidaire relativement aux engagements de la Société et toutes leurs fonctions sont gratuites.

Art. 7. — Le Comité choisit parmi les Membres Actifs un bureau composé de :

Un Président,

Un Vice-Président,

Un Secrétaire,

Un Trésorier.

Art. 8. — Lorsque le Comité sera réduit à moins de la moitié de ses Membres, il sera procédé d'office à une réélection, par l'Assemblée Générale.

En cas d'empêchement, le Président est remplacé par le Vice-Président.

Art. 9. — Le Président ou le Vice-Président faisant fonctions de Président assure la régularité et le fonctionnement du Syndicat conformément aux statuts.

Il est chargé de la police des Assemblées, signe tous les actes, arrêtés ou délibérations, etc... ordonnance les dépenses après approbation du Comité.

Art. 10. — Le Comité se réunit obligatoirement tous les trois mois et, en outre, chaque fois qu'il est convoqué par son Président.

Pour qu'une délibération soit valable, il faut au moins la présence de quatre membres et que la décision ait été prise à la majorité des membres présents.

En cas de partage, la voix du Président est prépondérante.

Le Secrétaire est chargé de la correspondance, envoi de convocation, circulaires, etc...

Il tient le registre des procès-verbaux du Comité et des Assemblées.

Les procès-verbaux sont signés par le Président et le Secrétaire.

Le Trésorier est chargé de centraliser les recettes et les dépenses ; il doit chaque trois mois présenter ses comptes au Comité. Il paie les achats et dépenses diverses autorisés par le Comité et visés par le Président.

En cas de nécessité, un des Membres peut être désigné comme adjoint au Secrétaire ou adjoint au Trésorier.

Art. 11. — L'Assemblée Générale se compose de tous les Membres Actifs.

Elle se réunit une fois par an, de préférence au mois de Janvier.

A cet effet, des convocations personnelles sont adressées au moins 15 jours avant la date fixée.

Dans cette Assemblée, le Comité présente un compte-rendu de recettes et dépenses de l'exercice, ainsi que la situation financière du Syndicat affirmée et signée par le Trésorier et visée par le Président.

L'Assemblée Générale procède ensuite à la nomination du Comité pour l'année suivante. Chaque membre a le droit d'initiative pour la proposition qu'il juge convenable ; mais il devra, dans les cinq jours qui précèderont l'Assemblée Générale, communiquer par écrit ses propositions au comité.

En cas d'urgence, une Assemblée Générale extraordinaire peut être convoquée à toute époque de l'année sur la demande du comité ou la demande écrite et motivée de 10 membres actifs. Dans ce dernier cas, l'Assemblée ne pourra discuter d'autre question que celles mises par le comité à l'ordre du jour. *par correspondance sont admis mais*

Les votes ne peuvent avoir lieu par procuration ou par délégation.

Les Assemblées Générales ne pourront délibérer qu'autant qu'elles réuniront la moitié plus un des membres actifs (présents) à la Colonie.

Au cas où le quorum n'existerait pas une nouvelle Assemblée serait convoquée à une date postérieure de dix jours ou vingt au plus et les décisions seraient prises à la majorité des voix quel que soit le nombre des membres actifs présents.

Les décisions prises dans les Assemblées Générales sont obligatoires pour tous les membres sans distinction.

Art. 12. — Les délibérations du comité relatives aux acquisitions échanges et aliénations d'immeubles, constitutions de droits réels sur les dits immeubles, baux excédant neuf années, aliénation de fonds de réserves et emprunts, ne sont valables qu'après approbation de l'Assemblée Générale.

Les délibérations du Comité relatives à l'acceptation des dons et legs ne sont valables qu'après approbation administrative donnée dans les conditions prévues par l'article 910 du Code civil.

CHAPITRE IV

Fonds social.

Art. 13. — Le fonds social se compose :

1o — des cotisations des membres actifs, donateurs, bienfaiteurs et fondateurs ;

2o — des subventions qui pourront être accordées ;

3o — des dons et legs dont l'acceptation a été approuvée par l'autorité compétente ;

4o — des produits des fêtes, tombolas régulièrement autorisées et organisées par le Syndicat ;

5o — du revenu de ses biens et valeurs de toutes sortes.

Art. 14. — Un fonds de réserve sera constitué dès que les ressources du Syndicat le permettront.

Il comprendra :

1o — le dixième au moins du revenu net des biens de la Société ;

2o — le capital provenant des libéralités dont l'emploi immédiat n'aurait pas été effectué ;

3o — des sommes provenant du rachat des cotisations.

Le fonds de réserve sera employé, dans la mesure du possible, à l'acquisition d'immeubles nécessaires au but poursuivi par le Syndicat, en prêts hypothécaires pourvu que le montant de ces prêts réuni aux sommes garanties par les autres inscriptions ou privilèges qui grèvent l'immeuble ne dépasse pas la moitié de sa valeur estimative.

Il peut également être placé en rentes sur l'Etat, en fonds d'emprunts locaux.

CHAPITRE V

Modifications des Statuts — Dissolution.

Art. 15. — Les statuts ne peuvent être modifiés que sur

la proposition du Comité ou du tiers des membres actifs soumise au bureau au moins un mois avant la séance.

L'Assemblée Générale spécialement convoquée à cet effet ne peut modifier les statuts qu'à la majorité des deux tiers des membres présents. Le projet de modification est publié un mois au moins avant la réunion de l'Assemblée.

Art. 16. — L'Assemblée Générale appelée à se prononcer sur la dissolution de l'association, et convoquée spécialement à cet effet, doit comprendre au moins la moitié plus un des membres en exercice.

Si cette proportion n'est pas atteinte, l'assemblée est convoquée de nouveau, mais à quinze jours au moins d'intervalle et cette fois elle peut valablement délibérer, quel que soit le nombre des membres présents.

Dans tous les cas, la dissolution ne peut être votée qu'à la majorité des deux tiers des membres présents.

Art. 17. — En cas de dissolution volontaire statuaire prononcée en justice ou en cas de retrait de la reconnaissance de l'association, l'Assemblée Générale désigne un ou plusieurs commissaires chargés de la liquidation des biens de l'association.

Elle attribue l'actif net à un ou plusieurs établissements analogues publics ou reconnus d'utilité publique. Ces délibérations sont adressées sans délai au Résident Supérieur au Tonkin.

Art. 18. — Les présents statuts seront soumis à l'approbation de l'autorité compétente ainsi que les modifications qui pourront y être apportées ultérieurement.

Ont lu approuvé les présents statuts :

MM. MARSOT   SALLÉ
Dʳ FOREST   GUÉ
GICQUAUX   BARRIÈRE
COUTURE   GIRODOLLE
TIRARD

SYNDICAT D'INITIATIVE

DU CENTRE URBAIN ET DE LA STATION BALNÉAIRE DE DOSON

DEMANDE D'ADHÉSION

J'ai l'honneur de demander mon inscription comme membre du Syndicat d'initiative du Centre urbain et de la Station balnéaire de Doson, à titre de :

Membre Actif,
— Donateur,
— Bienfaiteur,
— Fondateur.

Nom

Prénoms

Adresse

Profession

Nationalité

Noms et prénoms des Parrains

M.

M.

Haiphong, le 1918

Signature des Parrains,   *Signature du Candidat,*

N. B. — L'assemblée générale sera convoquée pour l'élection de son Comité dès que les bulletins d'adhésion auront été retournés.
Prière avoir l'amabilité de les adresser à M. GIRODOLLE, *pour le 28 courant* au plus tard.

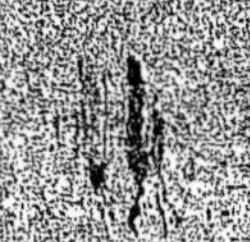